INVENTAIRE
S 26,312

CATALOGUE RAISONNÉ

DES

HYMÉNOPTÈRES

DU

DÉPARTEMENT DE LA SOMME.

Par le Dr DOURS,

Membre de la Société entomologique de France, etc., etc.

PREMIÈRE PARTIE.

MELLIFÈRES.

AMIENS

IMPRIMERIE DE E. YVERT, RUE SIRE-FIRMIN-LEROUX, 24.

—

1861

AVANT-PROPOS.

Nosce patriam !

L'Etude des Hyménoptères est très négligée en France. La Société entomologique de Paris compte à peine cinq ou six membres s'occupant de cet ordre d'insectes si intéressants. A part la magnifique monographie de M. de Saussure sur les Guêpes sociales et solitaires, il n'a été publié aucun travail d'ensemble depuis l'ouvrage de M. de St-Fargeau dans les suites à Buffon. Nous sommes bien inférieurs, sous ce rapport, à l'Allemagne, à l'Italie, à la Suède, à la Belgique, à l'Angleterre surtout, dont toutes les productions hyménoptériques ont été étudiées de la manière la plus minutieuse par les Kirby, les Curtis, les Westwood, les Walker, les Schuckard, les Gray, les Smith, etc., etc. Puisse ce premier essai ouvrir la marche à de semblables publications françaises ! Il sera possible alors, dans quelques années, d'établir avec certitude la Faune hyménoptérique de la France, si riche par ses espèces méditerranéennes et septentrionales.

J'ai suivi la synonymie adoptée par M. Frédérick Smith dans son excellent traité des Abeilles de la Grande Bretagne, travail dont il est impossible de surpasser l'exactitude, la conscience et l'élégance.

Amiens, septembre 1860.

Latreille divise les Porte-Aiguillons en 4 Tribus :

1er Tribu. — Hétérogynes. $\begin{cases} \text{Sociales} \\ \text{ou} \\ \text{Formicaires.} \\ \text{Solitaires.} \end{cases}$

2me Tribu. — Fouisseurs.

3me Tribu. — Diploptères. $\begin{cases} \text{Sociaux.} \\ \text{Solitaires.} \end{cases}$

4me Tribu. — Mellifères ou Anthophiles. $\begin{cases} \text{Andrenidæ.} \\ \text{Apidæ.} \end{cases}$

Les Mellifères se divisent ainsi :

Melliferæ ou Anthophila. $\begin{cases} \text{Andrenidæ.} \begin{cases} \text{Obtusilinguæ.} \\ \text{Acutilinguæ.} \end{cases} \\ \text{Apidæ.} \begin{cases} \text{Andrenoïdes.} \\ \text{Cuculinæ.} \\ \text{Dasigastræ.} \\ \text{Scopulipedes.} \\ \text{Sociales.} \end{cases} \end{cases}$

TRIBU IV

MELLIFERÆ OU ANTOPHILA. *Lat.*

PIEZZATA partim. *Fab.*

Fam. 1. Andrenidæ. *Leach.*

1re S. Famille. Obtusilinguæ. *West.*

Genre 1.

COLLETES. *Lat.*

1. Colletes succincta. *L. Smith. St-Farg.* o. o. o.
   Andrena succincta. *Fab. Rossi.*
   Apis calendarum. *Panz.* ♀
   Melitta succincta. *Kirby.* ⚥ ♀
   Hylœus glutinosus. *Lat. Cuv.*
   Evodia calendarum. *Panz. Spin.*
   Colletes fodiens. *Curtis. Nyl. Réaumur.*

2. Colletes fodiens. *Kirby.* ♀ ⚥ *Smith. Lucas.* o. o. o.
   Apis pallicincta. ♀ *K.*
   Apis fodiens. *Fourcroy.*

3. Colletes marginata. *L. Smith.* n.

4. Colletes Davesiana. *K.* ⚥ ♀ *Smith.* o. o. o.

5. Colletes Hirta. *Lat. St-Farg.*   c. c. c.
   C. cunicularius. *L.* ?

NOTE. Il est difficile de distinguer de prime abord, les *Colletes succincta*, *C. fodiens*, *C. marginata*, les mâles surtout.
Les *C. fodiens et succincta* ♀ semblent ne différer que par une bande fauve-rougeâtre placée à la base du premier segment de l'abdomen, chez les *C. succincta*. Le mâle de celui-ci a les points du premier segment abdominal plus enfoncés. Dans le *C. fodiens* ♂, la ponctuation abdominale va en s'effaçant du premier au dernier segment abdominal. Le *C. marginata* ♂ se distingue par son abdomen très convexe, hérissé de poils grisonnants, par ses bandes blanches éclatantes terminant les anneaux abdominaux, par sa ponctuation plus profonde.

L'Epeolus variegatus est parasite des *Colletes*.

Genre 2.

PROSOPIS.

1. Prosopis communis. *Nyl. Smith.*
   Hylœus annulatus. *Fab. Lat.*   c. c. c.
   Melitta annulata. *Kirby* ♂ ♀.
   Prosopis annulata. *Fab.*
     Tête très triangulaire.

2. Prosopis signata. *Smith. Non S^t. Farg.*
   Hylœus signatus. *Smith.*   c. c. c.
   Sphex signata. *Panz.*
   Melitta signata. ♂ ♀ *Kirby.*
   Prosopis atrata. ♂ *Fab.*
     Remarquable par sa grande taille.
     V. 1. La face est entièrement noire.

3. Prosopis annularis. *Smith.*
   Melitta annularis. *Kirby.*   c. c. c.
   Prosopis armillatus. *Nyl.*
   Sphex annulata. *Panz.*

Prosopis signata. S‛. *Farg.* (Cum vari).

Très voisin du Prosopis communis, dont il se distingue par sa tête beaucoup moins triangulaire. Les taches qui se trouvent au-devant des antennes sont blanches et non jaunes.

4. Prosopis Hialinata! *Smith.*   c.
   Melitta annulata. *Kirby.* V. B.

Se distingue du Prosopis communis par la forme son thorax arrondi.

5. Prosopis variegata. S‛. *Farg. Smith. Lucas.* c. c. c.
   P. Colorata. *Panz.*
   Mellinus variegatus. F.

NOTE. L'absence d'organes propres à récolter le pollen a fait supposer que les *Prosopis* étaient parasites. Lepelletier de St-Fargeau assure qu'ils vivent aux dépens des *Colletes.* C'est une erreur. M. Sidney Saunders a découvert en Albanie une espèce très commune, *Prosopis rubicola. Saunders* construisant son nid dans les bouts de ronce. Les cellules, comme chez les Colletes, sont tapissées d'une membrane transparente, destinée à retenir la pâtée semi-liquide — future nourriture de la larve.

2º S. Famille. — ACUTILINGUÆ.

Genre 3.

SPHECODES.

1. Sphecodes gibbus. *L.*   c. c. c.
   Nomada gibba. *Rossi.*
   Apis rufa. *Christ.*
   Melitta sphœcoïdes. ♀. *Kirby.*
   Melitta monilicornis. ♂. *Kirby.*
   Melitta picea. ♂. Var. *Kirby.*
   Sphecodes piceus ♀ ♂. *Wesmaël.*
   Sphecodes gibbus. *Nyl.*
   Sphecodes sphecoïdes. *Smith.*

Cette espèce se distingue des suivantes surtout par son abdomen ponctué.

2. **Sphecodes rufescens.** *Fourcroy.*
   Apis gibba. *Christ.*
   Nomada gibba. *Fab.*
   Melitta gibba. *Kirby.*
   Sphecodes gibba. *Lat. S¹ Farg.*
   Sphecodes pellucidus. *Smith.*
   Proabeille noire et rousse. *Degéer.*

3. **Sphecodes subquadratus.** *Smith.*
   Sphecodes gibbus. *Wesm.*

   La largeur de la tête dépassant le thorax fera reconnaître cette espèce très voisine de la précédente. Le premier segment de l'abdomen est lisse ou à peine marqué de points épars, peu enfoncés, caractère qui ne se rencontre que dans le *S. similis Wesm.*

4. **Sphecodes Ephippia.**
   Andrena potentilla. *Panz.*
   Melitta divisa ♂. *Kirby.*
   Melitta Geofroïella ♀. *Kirby.*
   Sphecodes Geofrellus. *S¹ Farg. Wesm. Nyl.*
   Sphecodes divisus. *Smith.*

   C'est le plus petit de nos *Sphecodes*, bien caractérisé par ses mandibules fauves à extrémités rougeâtres.
   Le mâle est remarquable par la ponctuation de son thorax, et de son métathorax. L'abdomen chez plusieurs individus de ma collection est noir avec le 3ᵉ segment lavé de fauve sur les côtés.

5. **Sphecodes fuscipennis.** *Germ.*
   Sphecodes Latreillii. *Wesm.*
   Sphecodes Nigripes. *S¹ Farg. Lucas.*
   Sphecodes rugosa. *Smith.*
   Apis rufa. *Sulz.*

   Assez commun. C'est le plus grand de nos *Sphecodes*. Sa grande taille, son abdomen presque toujours fauve et fortement ponctué le feront aisément reconnaître.

6. Sphecodes similis. *Wesm. Obs.* . . . . C. C. C.

Diffère surtout du *S. subquadrans* par les rugosités réticulées et non linéaires des faces latérales du métathorax, par le point rouge situé au milieu des mandibules. Le premier segment abdominal est lisse, ce qui le distingue du *S. Gibbus*.

D'après M. Fréd. Smith qui a eu souvent occasion d'observer les mœurs des Sphecodes, les espèces qui composent ce genre ne seraient point parasites.

Genre 4.

HALICTUS.

1re DIVISION.

Abdomen noir. Plusieurs segments de l'abdomen portant à leur bord postérieur des bandes de poils couchés, plus ou moins interrompues, blanches ou jaunes. 2e Radiale recevant près de son sommet la 1re nervure récurrente.

1. Halictus quadristrigatus. ♂ ♀ *Lat.* . . C. C. C.
   H. Ecaphosus. *Wallenær.* ♀ ♂

2. Halictus scabiosæ. *Rossi.* ♂ . . . . . C. C.
   H. Zebrus. *Walk.* ♀ ♂

Il existe une variété dans les mâles, dont les hanches sont testacées au lieu d'être noires. Le 1er segment de l'abdomen est bordé sur les côtés latéraux, supérieur et inférieur d'une bande noire de poils testacés.

3. Halictus sex-cinctus. ♀ ♂ *Lat. St Farg. Walk.*
   Andrena rufipes. *Spin.*
   Hylœus sex-cinctus. *Fab.*

Hylœus arbustorum. *Panz.* ⚥   c. c. c.

Les doubles bandes de poils des 2ᵉ, 3ᵉ, 4ᵉ segments de l'abdomen sont tantôt jaunes, tantôt blanches, tantôt alternativement jaunes et blanches.

Ces trois espèces affectionnent les fleurs des carduus.

4. Halictus rubicundus ♀ ⚥. *Kirby. Nyl. Smith.* c. c. c.
   Apis rubicundus. *Christ.*
   Apis flavipes. *Panz.* ♀
   Melitta rubicunda. *Kirby. Curtis.*
   Halictus nidulans. *S¹ Farg. Walk.*

5. Halictus interruptus. ♀ ⚥. *S¹ Farg.*   c.
   H. Maculatus. *Smith. Nyl.*

6. Halictus Xanthopus ♀ ⚥. *S¹ Farg. Smith. Nyl.* c. c. c
   Melitta Xanthopus. *Kirby.* ♀ ⚥
   Lasioglossum trianigulum. *Curtis.*

7. Halictus sex notatus. *Walk.* ⚥ ♀. *S¹ Farg. Smith. Nyl.*   c. c. c.
   Melitta sex notata. *Kirby.*

8. Halictus quadrinotatus. *Brullé. Smith. Nyl. S¹ Farg.*   c. c. c.
   Melitta quadrinotata. *Kirby.*

9. Halictus lugubris. *Smith.*
   Melitta lugubris ⚥. *Kirby.*   c. c. c.
   Melitta Lœvigata ♀. *Kirby.*
   Halictus fodiens. *Lat.*
   H. Lœvigatus. *S¹ Farg. Nyl.*

10. Halictus leucozonius. *S¹ Farg. Smith. Nyl.* c. c. c.
   Apis leucozonius. *Schrank.*
   Melitta leucozonia ♀ ⚥. *Kirby.*

11. Halictus zonulus. *Smith. Nyl.*

R. Le mâle de cette espèce se distingue surtout de la précédente par ses pattes qui sont entièrement noires.

12. Halictus lineolatus. *St Farg.*   C.

13. Halictus cylindricus. *Fab.*   C. C. C.
 Apis bicincta. *Schrank.*
 Hylœus cylindricus ♂. *Fab.*
 Hylœus abdominalis ♂. *Panz.*
 Melitta abdominalis ♂. *Kirby.*
 M. fulvo-cincta ♀. *K.* Cum var. ♂. *A. B.*
 Melitta malachura ♀. *K. Var.*
 Andrena vulpina. *Fab. Panz.*
 Halictus terebrator. *Walk.*
 H. vulpinus. *St Farg. Lucas.*
 H. fulvocinctus. *Nyl.*
 H. abdominalis. *Smith.*

 Le mâle varie beaucoup.
  V. 1. Un point noir au centre des 1, 2, 3 segments.
  V. 2. Une ligne transverse sur le 2e et 3e segments.
  V. 3. Tous les segments bordés d'une mince ligne rouge.
  V. 4. 2e et 3e segments entièrement rouges, les autres noirs.
  V. 5. Tous les segments noirs.

14. Halictus albipes. *St Farg. Smith.*   C. C. C.
 Apis albipes. *Fab. Panz.* ♂
 Hylœus albipes. *Fab.*
 Melitta albipes. *Kirby.* ♂
 M. obovata ♀. *K.*
 Prosopis albipes.

Les mâles des *H. Cylindricus* et *Albipes* passent la nuit sur les fleurs des semi-flosculeuses.

2ᵉ DIVISION.

Corps plus ou moins métallique. 2ᵉ Radiale recevant près du bout la 2ᵉ nervure récurrente.

---

15. Halictus flavipes. *Fab. Smith.*   c. c. c.
    Hylœus flavipes. *Fab.*
    Melitta flavipes. *Kirby.*
    Apis subaurata. *Rossi. Panz.*
    Apis seladonia. *Fab.*
    Megilla seladonia. *Fab.*
    Melitta seladonia. *Kirby.*
    Halictus seladonius. *Lat. S'-Farg. Nyl.*
    Halictus subauratus. *Brullé.*

    M. Lep. de St.-Fargeau décrit une espèce — *Halicus virescens* qui n'est qu'une variété de l'*Halictus flavipes*.

16. Halictus smeathmanellus. *Smith.*   c. c. c.
    Melitta smeathmanella. *Kirby.*

    Plus petit que le *H. flavipes*. Les mandibules sont ferrugineuses au sommet. La ligne longitudinale du milieu du prothorax est moins saillante.... poils des jambes cendrés, etc. etc.

17. Halictus œratus *Smith.*   c. c. c.
    Melitta œrata *Kirby.*

18. Halictus morio. *S'. Farg. Smith. Nyl.*   c. c. c.
    Hylœus morio. *Fab. Coq.*
    Melitta morio. *Kirby.*

    Ces deux espèces ne semblent différer que par la forme du métathorax, plus rugueux, plus profondément ponctué, à espace large, et sillonné chez l'*H. œratus*, tandis qu'il est convexe, finement ponctué dans le *H. morio*.

3ᵉ DIVISION.

Corps noir. Première nervure récurrente aboutissant à l'extrémité externe de la deuxième radiale.

---

19. Halictus lœvis. *Sᵗ-Farg. Smith.*

> Rare. Le mâle a le bord antérieur du chaperon jaune. La tête et le corselet sont finement ponctués. Les antennes un peu plus longues que la moitié de la tête et du thorax. L'abdomen est très brillant, noir, lisse. Des poils roux rares, terminent le dernier anneau. Extrémité des jambes et des cuisses jaunes. Tarses de cette couleur etc.

20. Halictus subfasciatus ♀ ♂. *Nyl.*   c. c. c.

21. Halictus fulvicornis. *Smith.* ♂   c. c. c.
    Melitta fulvicornis. *Kirby.*

> Ce n'est pas certainement le mâle du précédent, lequel pris avec la femelle a les antennes courtes, le chaperon entièrement noir, tandis que le *H. fulvicornis* ♂ a les antennes plus longues que le thorax et l'extrémité du chaperon jaune.

22. Halictus minutus. *Sᵗ-Farg. Smith.*   c. c. c.
    Melitta minuta ♀ ♂. *Nyl.*

23. Halictus nitidiusculus. *Smith.* ♂ ♀   c. c. c.
    Melitta nitidiuscula ♂. *Kirby.*

24. Halictus minutissimus ♀ ♂. *Smith,*   c. c. c.
    Melitta minutissima. *Kirby.* ♂ ♀

> La ponctuation de cette espèce est à peine visible, tandis qu'elle est très marqué dans le *H. minutus*.

Genre 5.

ANDRENA.

1re DIVISION.

Abdomen plus ou moins rouge.

---

1. Andrena Hattorfiana. *Fab. Spin. St-Farg. Nyl.*   c.
   Andrena equestris. *Panz.*
   Melitta lathamana. *Kirby.* ♀.
   Melitta hœmorrhoïdalis. *Kirby.* ♀ *Var.*
   Andrena quadripunctata. *Fab.* ♂
   Andrena hœmorrhoïdalis. *Smith.*

   La coloration de l'abdomen est très variable.
   La variété B. Smith, est remarquable par son abdomen noir, les anneaux sont à peine ferrugineux.

2. Andrena Schrankella. *Kirby.* non *Smith.*   c.
   Andrena marginata. *St-Farg.*

   Cette espèce est intermédiaire entre la précédente et la suivante. Elle se rapproche plus de la première par sa taille et par les poils fauves qui garnissent ses pattes postérieures.

3. Andrena florea. *Fab.* ♀ *St-Farg. Nyl.*   c. c. c.
   Melitta rosœ. *Kirby.*
   Andrena rubricata. *Smith.*

   Affectionne les fleurs de la *Bryonia dioïca*. L'abdomen est plus ou moins ferrugineux.

4. Andrena Cetii. *Schrank. Smith.*   c. c. c.

   La couleur de l'abdomen varie beaucoup.
   V. 1. Abdomen entièrement rouge.
   V. 2. Les 3 derniers segments noirs.
   V. etc., etc.

5. Andrena rosœ.   C. C, C.
   Andrena austriaca. *Panz.*
   Melitta rosœ. *Kirby.*
   Melitta zonalis. *Kirby.*

6. Andrena cingulata. *Fab. Rossi. St-Farg. Smith.*
   Nyl.   C.
   Apis albilabris. *Panz.* ♂
   Apis sphegoïdes. *Panz.* ♀
   Andrena sphegoïdes. *Spin.*
   Melitta cingulata. *Kirby.*

2^e DIVISION.

Thorax pubescent : Abdomen brillant, presque nu.

---

7. Andrena holomelana. *St-Farg.*   R. R. R.

8. Andrena cineraria. *L. Fab. Lat. St-Farg. Lucas.*
   Nyl. Smith.   C. C. C.
   Apis atra. *Panz. Christ.*
   Apis cinerea. *Fourcroy.*
   Melitta cineraria. *Kirby.*
   Andrena ovina. *Klug.*
      _{Au premier printemps, sur les fleurs du colza.}

9. Andrena pilipes. *Fab. Rossi. St-Farg. Spin.*
   Nyl.   C. C. C.
   Apis atra. *Schrank.*
   Apis carbonaria. *Christ.*
   Andrena aterrima. *Panz.*
   Melitta pilipes. *Kirby.* ♀.
   Melitta pratensis. *Kirby.* ♂.

Andrena pratensis. *Nyl.*
Andrena nitida. *Lucas.*
Andrena atra. *Smith.*

10. Andrena thoracica. *Fab. Christ. St-Farg.*
Smith. o. o. o.
Apis bicolor. ♀. *Christ.*
Andrena bicolor. *Rossi. Panz.*
Melitta thoracica. *Kirby.* ♀.
Melitta melanocephala. *Kirby.* ☿.

11. Andrena nitida. *St-Farg. Spin. Smith. Nyl.* o. o. o.
Apis nitida. *Fourcroy.*
Melitta nitida. *Kirby.*
Andrena consimilis. *Smith.*
Andrena nitidiventris. *Léon Dufour.*

12. Andrena lucida. *St-Farg.* o.
Espèce que je crois être une simple variété de la précédente.

13. Andrena Flessœ. *Panz. St-Farg.* o. o. o.

14. Andrena albicans. *St-Farg. Smith. Nyl.* o. o. o.
Melitta albicans. *Kirby.*

15. Andrena similis. *Smith.* o. o. o.
Diffère de l'*A. albicans* par la ponctuation plus fine de l'abdomen. La tache de la jambe postérieure est aussi plus noire.

3° DIVISION.

Thorax très-velu.

16. Andrena fulva. *St-Farg. Smith. Nyl. Lucas.* o. o. o.
Apis fulva. *Schrank.*

Apis vestita. *Fab. Panz.*
Apis vulpina. *Christ.*
Melitta fulva. *Kirby.* ♀
Melitta armata. *Kirby.* ♂
Andrena vestita. *Lat. Spin. Coq. Fab.*

<small>Sur les fleurs du *Berberis vulgaris*, dans les jardins. Le mâle se distingue facilement par l'épine qu'il porte à la base des mandibules.</small>

17. Andrena Clarkella. *Smith. Nyl.*   c. c. c.
Melitta Clarkella. *Kirby.* ♀
Andrena dispar. *Lat.*
Andrena bicolor. *St-Farg.* non *Fab. Lucas.*

<small>Le mâle est beaucoup moins velu que la femelle et la pubescence du thorax d'un fauve pâle.</small>

18. Andrena Gwynana. *Smith. Nyl.*   c. c. c.
Melitta Gwynana. *Kirby.* ♂ ♀
Melitta pilosula. *Kirby.* ♂

<small>Plus petite que la précédente. Chaque segment abdominal est bordé de fauve.</small>

19. Andrena bicolor. *Fab. Nyl.*   c. c. c.
Andrena œstiva. *Smith.*

<small>Ne diffère de la précédente que par la ponctuation de l'abdomen, lisse dans l'*A. Gwynana*. Les pattes sont aussi moins velues.</small>

20. Andrena Helvola. *St-Farg. Nyl. Rossi.*   c. c. c.
Melitta Helvola. ♀ *Kirby.*
Melitta angulosa. ♂ *Kirby.*
Apis Helvola. *Lat. Fab. Spin.*

21. Andrena varians. *Smith. Nyl.*
Melitta varians. *Kirby.*
Apis varians. *Rossi.*

<small>Avec la précédente dont elle n'est peut-être qu'une variété. Comme dans l'*Helvola*, le mâle de l'*A. varians* est armé d'une dent à la base des mandibules.</small>

22. Andrena atriceps. *Smith.*   c. c. c.
    Andrena tibialis. *Smith.*
    Melitta tibialis ♀. *Kirby.*
    Melitta atriceps ♂. *Kirby.*

    Poils de l'anus fauves.

23. Andrena nigro-œnea. *Smith.*   c. c. c.
    Melitta nigro-œnea ♀. *K.*

    Poils de l'anus noirs.

24. Andrena Trimmerana. *Smith. Nyl.*   c. c. c.
    Melitta Trimmerana ♀. *Kirby.*

    Cette espèce est remarquable par la longueur des antennes dans les deux sexes. Le mâle ressemble à l'*A. fulva* ♂, mais chez celui-ci la dent des mandibules est plus longue. Dans l'*A. Trimmerana* ♂, cette dent est à peine marquée, obtuse.

25. Andrena spinigera. *Smith.*   c.
    Melitta spinigera. *Kirby.* ♂

    Ne saurait être confondue avec l'*A. atriceps* ♂. à cause de la forte épine que la *Spinigera* ♂ porte à la base des mandibules.

    NOTE. Il existe une variété très petite qui ressemble à l'*A. Helvola* ♂, mais chez celle-ci les mandibules ne sont pas ferrugineuses au bout, l'épine des mandibules est plus courte, les pattes sont noires, tandis qu'elles sont rouge-fauve dans l'*A. spinigera* ♂.

26. Andrena Smithella. *Smith.*
    Melitta Smithella. *Kirby.*

    Le mâle a une dent à la base des mandibules. Les poils dont il est hérissé sont ferrugineux, tandis qu'ils sont cendrés dans l'*A. Helvola* ♂. Je crois que ce n'est qu'une variété.

    Trouvé 3 individus ♀ et 4 mâles. Cette espèce ressemble beaucoup à l'*A. Helvola var.*, dans la femelle les poils cendrés de l'abdomen sont plus hérissés que dans l'*A. Helvola*. Chaque segment a un reflet plus ou moins ferrugineux.

27. Andrena Lapponica. *Zetters.*
   Andrena apicata. *Smith.*

   Très remarquable et très rare espèce dont je n'ai trouvé que deux femelles.
   Tête finement ponctuée, chaperon un peu saillant, noir. Thorax fauve. Abdomen ponctué, brillant. Les deux premiers segments sont hérissés de poils fauves. Les autres segments ont des poils noirs, un peu cendrés. Jambes antérieures et postérieures garnies de poils ferrugineux. Cuisses intermédiaires ornées d'une frange serrée, blanche ou légèrement cendrée.

28. Andrena nigriceps ☿. *Kirby.* non *Smith.*
   Andrena bimaculata ☿. *Smith?*

   C'est avec doute que je rapporte ce mâle à l'*A. bimaculata*, les deux points n'existant pas sur le 2e segment abdominal. Se rapproche de l'*A. Trimmerana*, mais n'est pas armée de la petite dent obtuse de cette dernière.

29. Andrena simillima. *Smith.*

   La femelle est noire. Poils de la face fauves, les deux ou trois derniers articles des antennes fauves en dessous. Chaperon ponctué. Thorax hérissé de poils fauves plus pâles sur les côtés. Cuisses hérissées de poils blancs, ceux de la brosse rougeâtres. Tarses ferrugineux. Abdomen ovale oblong. 1er segment hérissé de poils fauves. Chacun des 3 autres segments est garni d'une large bande de poils fauve pâle. Les deux derniers segments sont noirs.
   Le mâle a le chaperon échancré terminé latéralement par une dent aiguë. Mandibules fortes, ferrugineuses au bout. Pattes fauves en dessus, blanches en dessous.
   Cette espèce n'est pas rare sur les fleurs du colza.

30. Andrena pubescens. *Smith.*   c. c. c.
   Melitta rufitarsis ♀. V. *Kirby.*
   Melitta fuscipes ♀. *Kirby.*
   Melitta pubescens ☿. *Kirby.*
   Andrena fuscipes. *Smith.*

31. Andrena denticulata. *Smith.*   c
   Melitta denticulata ☿. *Kirby.*
   Melitta Listerella ♀. *Kirby.*

Andrena Listerella. *Nyl. Smith.*

Sur les fleurs de la *Bryonia dioïca* avec l'*A. rubricata*.

32. Andrena fucata. *Smith.*
Andrena clypeata. *Nyl.*

Le mâle ? porte sur la face une magnifique touffe de poils blancs. L'abdomen est brillant, très délicatement ponctué. Anus fauve. Rare.

33. Andrena clypeata ♂. *Smith.*

C'est peut-être le mâle de l'espèce précédente. Remarquable par la pubescence blanche de tout le corps. Le thorax seul est hérissé de poils ferrugineux. La tête est large, les mandibules sont rouges au bout et munies à la base d'une petite tubérosité. Les tarses sont fauves. L'abdomen est brillant, avec des poils cendrés. L'anus blanc fauve.

Rare. Trouvé sur les saules en fleurs.

34. Andrena picipes. *Smith.* ♂
Melitta picipes ♂. *Kirby.*

5 lignes 1/2, tête noire, ponctuée, couverte de poils noirs, fauves à la naissance des antennes et sur le vertex, thorax finement ponctué hérissé de poils fauves rares au milieu. Ailes transparentes nervures ferrugineuses, point de l'aile noir, pattes fauve-pâle, abdomen ovale, brillant, finement ponctué, hérissé de poils fauves, les deux derniers segments ont en outre une bande de poils jaune-fauve bien marquée. En dessous chaque segment porte des cils rares longs. (Femelle.)

♂. Tête plus large que le thorax, face recouverte de poils blancs, le reste comme dans la femelle. Rare.

6° DIVISION.

Segments de l'abdomen portant des bandes de poils.

A. Bandes de poils de la même couleur que ceux du thorax.

35. Andrena fulvicrus. *Smith.*   o. o. o.
Andrena articulata. Var. ♂ *Smith.*

Melitta fulvicrus. *Kirby.* ♀ ☿
Melitta contigua. Var. ☿ *Kirby.*

36. Andrena extricata. *Smith.*   c. c. c.
>Plus grande que la précédente. Les bandes des segments abdominaux sont blanches, l'anus fauve.

37. Andrena polita. *Smith.*
>Rare. Cette espèce est très remarquable par le brillant de son abdomen très finement ponctué. Chaque segment porte une bande de poils fauves, brillants, interrompue au premier. Le dernier segment et l'anus sont ornés d'une touffe de poils d'un fauve resplendissant.

38. Andrena fulvescens. *Smith.*   c. c. c.

     B. *Segments abdominaux portant une bande de poils blancs.*

39. Andrena Longipes. *Smith.*
     Andrena bucephala. *Steph.*
>Rare. La largeur de la tête, la longueur démesurée des pattes font aisément distinguer cette espèce.

40. Andrena albicrus. *Smith.*
     Melitta albicrus. *Kirby.* ☿ ♀
     Melitta albilabris. Var. ☿ *Kirby.*
>Rare. Le mâle est petit, presque linéaire et couvert de poils gris.

41. Andrena labialis. *Smith. Nyl.*
     Melitta labialis. *Kirby.* ☿
     Andrena separata. *Smith.*
>Très belle espèce. La femelle est bien caractérisée par la ponctuation du chaperon, du thorax et de l'abdomen. Tous les segments portent une belle bande de poils blancs, jaunâtre, légèrement interrompue au milieu, large sur les côtés. Les poils de l'anus sont fauves.
>Le mâle est plus petit. Le thorax est plus garni de poils fauves. La face est jaune ou blanche nue. Le chaperon est jaune ou blanc et orné sur les côtés de deux petits points noirs.

42. Andrena chrysosceles. *Smith. Nyl.*   c. c. c.
   Melitta chrysosceles. *Kirby.*

   <small>Beaucoup plus petite que la précédente. Le mâle a seulement le chaperon jaune ou blanc avec deux points noirs.</small>

43. Andrena Coitana. *Smith.* ♀ ♂. *Var.*   c. c. c.
   Andrena Schawella. *Smith.*
   Andrena nana. *Nyl.*
   Melitta Coitana. *Kirby.* ♂
   Melitta Schawella. *Kirby.* ♂

   <small>Sur les ombellifères. La palette est fauve en dessus, plus pâle en dessous.</small>

44. Andrena analis. *Panz. Smith.*   c. c. c.
   Andrena tarsata. *Nyl.*

   <small>A peu près de la même taille que la précédente. La pubescence du thorax est plus blanche. Les bandes des segments abdominaux presque oblitérées. Le mâle a le chaperon jaune, orné de trois points placés en triangle. Le point antérieur est, chez les individus nouvellement éclos, masqué par une touffe de poils blancs.</small>

45. Andrena minutula. *Smith.*   c. c. c.
   Melitta parvula. *Kirby.*
   Melitta minutula. *Kirby.*
   Andrena parvula. *Nyl.*
   Andrena subopaca. *Nyl.*

   <small>Sur le *Bellis perennis* et les diverses espèces de *Veronica*.</small>

46. Andrena nana. *Smith. Nyl.*
   Melitta nana. *Kirby.* ♀

   <small>L'abdomen est très ponctué, ce qui la distingue de la précédente. La palette est blanche à reflet légèrement roux.</small>

47. Andrena argentata. *Smith. Nyl.*
   Andrena barbatula. *Zett.*

   <small>Jolie et rare espèce, bien caractérisée par la pubescence argentée de la face, du bout des antennes et des pattes.</small>

48. Andrena dorsata. *Smith.*   C. C. C.
Melitta dorsata ♀. *Kirby.*
Melitta combinata. *Kirby.*
Melitta nudiuscula. *Kirby.* ♀
Andrena combinata. *Nyl.*

49. Andrena Afzeliella. *Smith.*   C. C. C.
Melitta Afzeliella. *Kirby.*
Melitta contigua ☿. *Kirby.*

50. Andrena connectens. *Smith.*   C. C. C.
Melitta connectens. *Kirby.*
    Avec la précédente dont elle n'est peut-être qu'une variété à taille plus grande. Les poils des pattes sont plus touffus, plus fauves, le chaperon et le thorax ont des points plus enfoncés que dans l'*A. dorsata*.

51. Andrena convexiuscula. *Smith.*   C. C. C.
Melitta convexiuscula. *Kirby.* ♀
Andrena xanthura. *Nyl.*

52. Andrena Kirbyi. *Curtis. Smith.*
    Tête très ponctuée. Chaperon proéminent, thorax en-dessous garni de poils blanchâtres, pattes hérissées de poils blancs, brillants palette-fauve. Abdomen brillant, ponctué finement. En-dessus, les 3 derniers segments portent une bande de poils blancs ou fauves interrompue au milieu. Anus fauve. En dessous, la ponctuation est plus marquée. Chaque segment est cilié de poils longs blancs. Environs d'Amiens ?

53. Andrena Collinsona. *Smith.*   C. C. C.
Melitta Collinsona ☿. *Kirby.*
Melitta proxma ♀. *Kirby.*
Melitta digitalis. Var. ♀ *Kirby.*
    De même taille que l'*A. Dorsatta*. La pubescence dans la *Collinsona* est pâle cendrée. Le milieu du thorax fortement ponctué, le métathorax sur les côtés est hérissé de poils blancs. Les pattes sont garnies de poils blancs en-dessous, fauves en-dessus. Tarses ferrugineux. Abdomen très noir, brillant, les 3 segments inférieurs ornés de cils blancs. Anus jaune-fauve.

54. Andrena Wilkella. *Smith*.   c.
    Melitta Wilkella. *Kirby*.

> Diffère de l'*A. chrysosceles* par sa plus grande taille. L'abdomen est lisse, tandis qu'il est finement ponctué dans l'*A. chrysosceles*.

55. Andrena xanthura. *Smith. Kirby*.   c. c. c.
    Melitta xanthura. *Kirby*. ☿ ♀
    Melitta ovatula. Var. *Kirby*.

> Le mâle est plus noir. L'abdomen hérissé de poils cendrés noirs. L'anus est à peine nuancé de fauve.

55. Andrena mystacea. *Dours*.

> 4 1/2 lignes.
>
> Tête ponctuée, poils longs noirs mêlés de fauve sur le vertex. Face entièrement recouverte de poils noirs longs, mêlés de fauves entre les antennes. Mandibules noires, ferrugineuses au bout. Labre garni de poils fauves, longs, thorax ponctué, garni entièrement sur le dos ainsi que sur les côtés de poils d'un fauve brillant.
>
> Pattes noires hérissées de poils fauves courts dans les antérieures et les intermédiaires, plus longs dans les inférieures. Tarses ferrugineux.
>
> Abdomen en-dessous brillant, noir, strié finement, hérissé ça et là de poils cendrés ou noirs. 2ᵉ, 3ᵉ et 4ᵉ segments ornés sur les côtés latéraux d'une très mince et très courte bande de poils fauves. 5ᵉ segment garni de poils fauves moins abondants. Anus noir. En-dessous chaque segment est cilié de poils blanchâtres. Ailes un peu enfumées, nervures ferrugineuses. ♀
>
> Rare.

Genre 6.

MACROPIS.

1. Macropis labiata. *Panz. Smith. Nyl*.   c. c. c.
   Megilla labiata. *Fab*. ☿ *L. Dufour*. ☿
   Megilla fulvipes. *Fab*. ♀

Genre 6.

CILISSA.

1. Cilissa tricincta. *Leach. Smith. Nyl.*   c. c. c.
   Apis leporina. *Panz.*
   Anthophora leporina. *Fab.*
   Melitta tricincta. *Kirby. St-Farg.*
   Kirbya tricincta. *St-Farg. Nyl.*

   On pourrait à première vue confondre cette espèce avec l'*Andrena fulvicrus*. Outre les caractères distinctifs du genre, elle diffère de l'*A. fulvicrus* par les poils de la tête, du thorax, des pattes qui sont plus pâles et plus rares. Dans l'*A. fulvicrus*, le premier segment abdominal, ne porte pas de bande. Tous les segments sont ciliés dans la *Cilissa tricincta*.
   Le mâle est très-velu. Chaque segment abdominal porte également une bande de poils fauves ou cendrés. Je n'ai pas encore trouvé la *Cilissa hæmorrhoïdalis*. Ce sont les deux seules espèces du genre appelé par M. de St-Fargeau *Kirbya*, bien que sa *Melitta tricincta* soit identique avec l'espèce appelée par lui *Kirbya tricincta*.

Genre 8.

DASYPODA.

1. Dasypoda hirtipes. *Fab.* ♀ *Lat. St-Farg. Smith. Nyl.*   c. c. c.
   Apis hirta. *Fab.* ♀
   Andrena plumipes. *Panz.*
   Apis farfarisequa. *Panz.* ♂
   Melitta Swammerdamella. *Kirby.*
   Trachusa hirtipes. *Jurine.*

2ᵐᵉ FAMILLE.

APIDŒ.

1ʳᵉ S. Famille. — ANDRÉNOÏDES.

Genre 1.

PANURGUS.

1. Panurgus calcaratus. *Smith.*   c. c. c.
Apis calcarata. *Scop.* ☿
Philanthus ater. *Fab.* ☿
Apis ursina. *K.* Var. ♀
Apis Linnœella. *Kirby.* ☿
Andrena lobata. *Panz.* ☿
Dasypoda lobata. *Fab.* ♀
Panurgus ater. *Panz.* ☿
Panurgus lobatus. *Sᵗ-Farg. Curtis. Nyl.*

   La femelle est remarquable par le brillant de la tête, du thorax. Le mâle porte deux petites dents sur le milieu du labre. Les pattes sont très garnies de poils roux.

2. Panurgus dentipes. *L.*   c. c. c.

   Plus petit que le précédent, plus velu. Le mâle est presque entièrement noir avec nuance ferrugineuse. Est-ce une simple variété du précédent?

3. Panurgus Banksianus. *Kirby.* ☿   c. c. c.
Apis ursina. *Kirby.*
Dasypoda ursina. *Lat.*
Panurgus ater. *Spin. Sᵗ-Farg. Nyl.*
Panurgus ursinus. *Curtis.*

2ᵐᵉ SOUS-FAMILLE.

PARASITES (Cuculinœ). *Lat.*

Genre 2.

NOMADA.

1. Nomada ruficornis. *Fab. Rossi. Panz. Lat. Schœff.*
   St-Farg. Smith. Nyl.   c. c. c.
   Apis ruficornis. *L. ♀ Kirby.*
   Apis flava. ♂ *Kirby.*
   Nomada flava. *Lucas.*
   Nomada proteus. *St-Farg.*

   Varie beaucoup, surtout le mâle. Parasite des *A. Trimmerana, fulva, nitida, labiabis,* etc. etc.

2. Nomada lateralis. *Panz. St-Farg. Smith.* c. c. c.
   Nomada melanosoma. *Schœff.*

   Parasite de l'*Andrena longipes* et de l'*A. albicrus.*

3. Nomada ochrostoma. *Schœff. Smith. Nyl.* c. c. c.
   Apis ochrostoma ♂. *Kirby.*
   Apis Hellana. Var ♂. *Kirby.*
   Nomada vidua ♀. *Smith.*

   Parasite de l'*Andrena labialis.* Le 2ᵉ segment abdominal est orné d'une large tache jaune. Le 3ᵉ d'une tache semblable, mais plus petite. Le 4ᵉ porte une minime bande transverse. Le 5ᵉ est entièrement jaune. En-dessous le ventre est immaculé.
   V. Thorax entièrement noir.

4. Nomada borealis. *Lett.*   c.
   Nomada inquilina. *Smith*

   Parasite de l'*Andrena Clarkella.*
   V. ♂. *Scape, cuisses, Trochanters noirs.*

5. Nomada signata. *Jur. Smith.*   c. c. c.
   Nomada flava. *Schœfl.*

6. Nomada Lathburiana. *Smith.*   c. c. c.
 Apis Lathburiana ☿. *Kirby.*
 Apis rufiventris ♀. *Kirby.*
 Nomada Marshamella. *Nyl.*
   <small>Parasite de l'*Andrena labialis.*</small>

7. Nomada varia. *St-Farg.*   c. c. c.
 Nomada fucata. *Panz. Smith. Nyl. Spin.*
 Apis varia. *Kirby.* ☿.
 Apis punctata. *Kirby.* ♀.
   <small>Parasite de l'*Halictus rubicundus* et *Halictus leucozonius.*
   V. 1. Bande du 1e segment ferrugineuse.
   V. 2. Un point ferrugineux sur le 2e segment.
   V. 3. Le milieu du segment unis par une ligne ferrugineuse.</small>

8. Nomada flavo-guttata. *Smith.*
 Apis flavo-guttata. ☿ *Kirby.*
   <small>V. 1. Abdomen entièrement ferrugineux.</small>

9. Nomada furva. *Panz. St-Farg. Smith.*   c. c.
 Apis rufo-cincta ♀. *Kirby.*
 Apis Sheppardana. ♀ *Kirby.*
 Nomada minuta. *Schæff.*
 Nomada Dalii. *Curtis.*
   <small>Parasite de l'*Halictus morio.* Un peu plus grande que la précédente dans la variété a., pourrait être confondue avec elle. La *Nomada Sheppardana*, Kirby, diffère par la bande ferrugineuse qui orne le premier segment de l'abdomen.</small>

10. Nomada Roberjeotiana. *Panz. Smith. Nyl.*   c. c. c.
 Nomada neglecta. *Schæff.*
   <small>Sur le *Senecio Jacobeæ.*</small>

11. Nomada Fabriciana. *Lat. Smith. Nyl. Schæff.* c.c.c.
 Apis Fabriciana. *L.*
 Apis Fabriciella ♀. *Kirby.*

Apis notata ♂. *Kirby.*
Apis quadrinotata. *St-Farg.*

<small>V. 1. Abdomen ferrugineux. Base du premier segment seule, noire.</small>

12. Nomada germanica. *Panz. St-Farg.*   c. c. c.
    Nomada ferruginata. *Schœff. Smith. Nyl. Brullé.*
    Nomada pleuro-sticta. *Schœff.*
    Apis ferruginata ♂. *Kirby.* non *L.*

    <small>Parasite de l'*Andrena fulvescens*.</small>

13. Nomada solidaginis. *Panz. Spin. Schœff. St-Farg.*
    Smith. Nyl.   c. c. c.
    Apis solidaginis. *Kirby.*
    Apis picta ♀. Var. *Kirby.*
    Apis rufa picta. Var. *Kirby.*

    <small>Parasite de l'*Halictus abdominalis*.</small>

14. Nomada Jacobeœ. *Panz.* ♂ *Lat. Schœff. St-Farg.*
    Smith. Nyl.   c. c. c.
    Nomada interrupta ♂. *Panz.* Var.
    Apis Jacobeœ. ♂. *Kirby.*
    Apis flavo-picta. ♀. *Kirby.*

15. Nomada lineola. *Panz. St-Farg.*   c. c. c.
    Apis cornigera. *Kirby.* ♀
    Apis subcornuta. *Kirby.* ♀
    Apis caprœ. *Kirby.* ♀
    Apis lineola. *Kirby.*
    Apis sex-cincta. ♂. *Kirby.*
    Nomada cornigera. *St-Farg.*

    <small>Varie considérablement dans la coloration de l'abdomen qui est plus ou moins ferrugineux.</small>

16. Nomada alternata. *Smith.* c. c. c.
 Apis alternata. *Kirby.* ♀
 Apis Marshamella. *Kirby.*
 Nomada Marshamella. *Schœff.*

17. Nomada sexfasciata *Panz. Schœff. St-Farg. Smith.*
 Lucas. c. c. c.
 Apis Schœfferella ♀. *Kirby.*
 Apis connexa. ♂. *Kirby.*

 Parasite de l'*Eucera longicornis.*

18. Nomada succincta. *Panz. Schœff St-Farg. Smith.*
 Nyl. c. c. c.
 Apis Goodeniana. *Kirby.*

19. Nomada compta. *St-Farg.* R.

20. Nomada zonata. *Panz.* R.

21. Nomada lanceolata. *St-Farg.* R.
 Est peut-être le mâle de la précédente.

Genre 3.

EPEOLUS.

1. Epeolus variegatus. *Lat. Fab. Jurine. Curtis.*
 St-Farg. Smith. Nyl.. c. c. c.
 Apis variegata. *L.* ♂. *Kirby.* ♀
 Nomada variegata. *Fab.*
 Parasite des *Colletes.*

Genre 4.

CŒLIOXIS.

1. Cœlioxis quadridentata. *Smith.*   c.
Apis quadridentata. *L. Fab. Panz.*
Apis conica. *L.*
Anthophora conica. *Fab.*
Anthophora quadridentata. *Fab.*
Megachile conica. *Lat.*
Cœlioxis acuta. *Nyl.*

> Le mâle se reconnaît facilement à son cinquième segment qui ne porte ni dent ni épine.
> La femelle est surtout caractérisée par le cinquième segment qui est caréné, très finement ponctué, divisé en deux lames dont la supérieure est plus courte, l'inférieure surmontée d'un appendice lancéolé.

2. Cœlioxis simplex. *Nyl.*   c. c. c.
Apis conica. *Kirby.* ♂ ♀
Cœlioxis mandibularis. *Nyl.*
Cœlioxis conica. *Curtis.*
Cœlioxis punctata. *St-Farg.*

> Le mâle a les côtés du cinquième segment armé d'une petite épine. Tête très large. (*C. sponsa, Smith.*)
> La femelle ressemble à la précédente, mais la carène du dernier segment abdominal est moins marquée, la lame ventrale est beaucoup plus longue et non appendiculée.

3. Cœlioxis rufescens. *St-Farg. Smith.*
Cœlioxis apiculata. *Nyl.*
Cœlioxis hebescens. *Nyl.*

> Les lames du dernier segment abdominal sont presque égales dans cette espèce. Chacun des segments, excepté le premier, porte une bande de poils roux à peine rétrécie au milieu. Cette bande se continue en dessous. Le premier segment est orné d'une large tache rousse sur les côtés.
> Le mâle est armé d'une épine sur les côtés du cinquième segment.

4. Cœlioris vectis. *Curtis. Smith.* c. c. c.
   Cœlioxis temporalis. *Nyl.*

   Le plus grand, le plus élégant de nos *Cœlioxis*.
   6. 8 lignes. Tête et thorax rugueux. La face est couverte de poils plus ou moins roux. Une bande de ces mêmes poils tapisse la partie antérieure du chaperon. Les côtés inférieurs et latéraux du thorax sont garnis de poils blancs, brillants. Le métathorax est arrondi; muni de chaque côté d'une petite épine droite. Abdomen brillant. Les côtés du premier segment présentent une large tache triangulaire formée par des poils blancs. Cette tache est plus petite sur les autres segments. La lame inférieure du dernier segment est plus longue que la supérieure qui est finement ponctuée et presque arrondie au bout. En dessous, l'abdomen est orné sur chaque segment d'un large faisceau de poils blancs.
   D'après M. Smith, cette espèce serait parasite du *Megachile maritima*.

Genre 5.

STELIS.

1. Stelis aterrima. *St-Farg. Smith. Nyl.* r.
   Apis aterrima. *Panz.*
   Apis punctulatissima. *Kirby.*
   Megilla aterrima. *F. Jur.*
   Megachile punctatissima. *Lat. Lpin.*

   Le dernier segment abdominal du mâle est rond, aigu chez la femelle.

2. Stelis phœoptera. *St-Farg. Smith. Nyl.* c. c. c.
   Apis phœoptera. *Kirby.* ♀
   Megachile phœoptera. *Lat. Spin.*

   Est parasite de l'*Osmia fulviventris*. Le bord du dernier segment abdominal est entier chez le mâle, caréné chez la femelle.

3. Stelis minuta. *St-Farg. Smith.* c. c. c.
   Stelis breviuscula. *Nyl.*

Genre 6.

MELECTA.

1. Melecta luctuosa. *Smith.*   C. C. C.
   Apis luctuosa. *Scop. Schrank. Rossi.*
   Apis punctata. *Fab. Panz.*
   Melecta punctata. *Lat. Fab. Spin. Brullé. St-Farg. Lucas.*
   Melecta notata. *Illiger.*
   Symmorpha punctata. *Klug.*
   Melecta Atropos. *Newm.* ♂
   Melecta Lachesis. *Newm.* ♀

   <small>Sur les fleurs du groseiller rouge dans les jardins au 1er printemps. Est parasite de l'*Anthophora retusa*.</small>

2. Melecta armata. *Smith.*   C. C. C.
   Apis punctata. *Kirby.*
   Andrena armata. *Panz.*
   Melecta punctata. *Brullé. Curtis.*
   Melecta Clotho. ♀ *Newm.*
   Melecta Alecto. ♂ *Newm.*

   <small>Dans les mêmes conditions que la précédente. Est parasite de l'*Anthophora acervorum*.
   V. 1. Un point blanc ou cendré sur le 3e et le 4e segment abdominal. (*Melecta Megera. Newm.*)
   V. 2. Un point blanc ou cendré sur le 3e segment seul. *Melecta Tisiphone.* Newm.
   La pubescence du mâle est fauve ou cendrée.</small>

Genre 7.

CROCISA.

1. Crocisa ramosa. *Lep. St-Farg*   R.
   Boves.

2. Crocisa orbata. *Lep. S¹-Farg.* R.

Boves.
On sait que le genre *Crocisa* a été créé par Latreille aux dépens du genre *Melecta*. L'écusson chez les *Crocisa* se prolonge en une lame aplatie ordinairement terminée sur les côtés par une épine échancrée au milieu. Je soupçonne la *Crocisa ramosa* d'être parasite de l'*Anthophora fulvitarsis*.

3ᵐᵉ SOUS-FAMILLE.

Genre 8.

CHALICODOMA.

1. Chalicodoma muraria. *S¹-Farg.* c. c. c.
Xiglocopa muraria. *Fab.*
Megachile muraria. *Lat. Réaum.*
Apis varians. *Rossi.*

La femelle est toute noire, ailes à reflet violacé. Palette ventrale ferrugineuse. Poils des pattes et des tarses ferrugineux.
Le mâle est plus petit. Tous les poils sont ferrugineux, excepté ceux des trois derniers segments abdominaux qui sont moins brillants. Le dernier segment est denté en scie.

Genre 9.

OSMIA.

1. Osmia cornuta. *Lat. S¹-Farg.* o. c. c.
Megachile cornuta. *Spin.*
Apis bicornis. *Oliv.*
Apis rufa. *Rossi.*

Le chaperon de la femelle porte une ligne élevée se terminant à chaque bout par une corne simple.
Le mâle a le chaperon mutique. Les antennes sont plus longues.
V. 1. ♂ ♀. Poils de la tête gris d'ardoise.

2. **Osmia rufa.** *Smith. Nyl.*   c. c. c.
Apis rufa. *L. Rossi, Fab. Panz.* ♂
Apis bicornis. *L. Fab. Christ. Rossi. Kirby.* ♀
Apis cornigera ♀. *Rossi.*
Anthophora bicornis. *Fab. Lett.*
Megachile cornigera. ♀. *Spin.*
Megachile bicornis. *Lat.*
Osmia bicornis. *Lat. St-Farg.*
Amblys rufa. *Klug.*

> Le chaperon de la femelle porte une ligne élevée, terminée à chaque bout par une corne épaisse légèrement bifide sur le côté interne.
> Le mâle a le chaperon mutique.

3. **Osmia fronticornis.** *Spin. Lat. St-Farg.*   c. c. c.
Anthophora fronticornis. *Fab.*
Apis fronticornis. *Panz.*

> Le chaperon de la femelle porte une corne large, tronquée à son extrémité. Palette ventrale ferrugineuse. Abdomen brillant à reflets métalliques, les 3 premiers segments sont hérissés de poils fauves. Anus noir. Pattes ferrugineuses. Le mâle est petit à longues antennes. Tous ses poils sont fauves.

4. **Osmia tricornis.** *Lat. St-Farg.*   c.

> Le chaperon de la femelle est armé de deux cornes larges sur les côtés et d'une plus petite au milieu.
> Les antennes du mâle sont moins longues que dans les précédentes espèces.

5. **Osmia aurulenta.** *Lat. St-Farg. Nyl. Smith.*   c.c.c.
Apis aurulenta. ♀. *Panz.*
Apis hœmatoda. ♂. *Panz.*
Apis Tunensis. *Kirby.* ♀
Megachile Tunensis, ♀. *Lat.*
Osmia Tunensis. *Brullé. Lucas.*

6. Osmia bicolor. *Schrank. Kirby. Lat. S¹-Farg. Smith. Nyl.*   c. c. c.
   Apis fusca. ♀. *Christ. Panz.*
   Authophora fusca. *Fab.*

7. Osmia Xanthomelana. *Kirby.* ♀. *Smith. Nyl.*   c.
   Osmia atricapilla. ♀. *Curtis.*
   Osmia nigriventris. ♀ *Zett.*

   Sur le *Symphytum tuberosum*.

8. Osmia fusciformis. *Lat.*

   Avec la précédente dont elle n'est qu'une variété. Chez toutes les deux, la tête est aussi large que le thorax. Vertex hérissé de poils noirs mêlés de roux. Le thorax est peut-être un peu plus touffu de poils ferrugineux dans l'*Osmia Xanthomelana* dont le type m'a été envoyé par M. Smith. Les deux premiers segments de l'abdomen, le premier surtout, sont recouverts de poils ferrugineux. Les autres segments sont noirs. Anus ferrugineux. Palette ventrale noire. délicatement ponctuée. Pattes noires en-dessus. Pattes et tarses ferrugineux en-dessous.
   Le mâle est plus petit, tête aussi large que le thorax, face couverte de poils blanchâtres. Ceux du thorax sont fauves. Abdomen brillant. Les deux premiers segments fauves, 3, 4, 5, 6 segments ont seulement une ligne de poils fauves à leur bord postérieur. 6ᵉ segment un peu échancré au milieu. Anus bidenté. En dessous, le 2ᵉ segment est armé d'une dent obtuse vers son milieu. Le 3ᵉ porte une dent plus forte. Chacun d'eux est en outre garni de cils jaunes.

9. Osmia fulviventris. *Lat. Brullé. S¹-Farg. Lucas. Nyl.*   c. c. c.
   Apis fulviventris. *Panz.*
   Apis Leiana. *Kirby.*
   Osmia Leiana. *Spin.*
   Osmia hirta. *Smith.*

   Le chaperon dans la femelle est échancré et muni à son milieu d'une petite dent. Palette ventrale ferrugineuse.
   Le mâle a le 6ᵉ segment abdominal échancré au milieu et l'anus bidenté.

10. Osmia marginella. S¹-Farg. R.

Tête aussi large que le thorax, ponctuée ainsi que ce dernier. Face, côtés du thorax hérissés de poils blancs, cendrés. Chaperon entier. Abdomen brillant en-dessus, bleu, finement ponctué. Bords postérieurs des segments garnis de poils blancs, palette ventrale d'un noir ferrugineux. Pattes rousses. Tarses ferrugineux.

Je ne connais pas le mâle.

11. Osmia œnea. L. Scop. C. C. C.
Apis cœrulescens. L. Kirby.
Andrena cœrulescens. Fab. Rossi. Panz. ♀.
Andrena œnea. Rossi. Panz. ♀.
Anthophora œnea. Fab.
Megachile cœrulescens. Spin.
Osmia cœrulescens. Lat. S¹-Farg. Brullé. Smith. Lucas. Nyl.
Abeille maçonne. Deséer.

La femelle est bleu foncé.
Le mâle est d'un vert cuivré éclatant. L'anus est tridenté. La dent du milieu souvent effacée.

12. Osmia adunca. Lat. Fab. S¹-Farg. C. C. C.
Apis albiventris. ♀. Panz.
Apis adunca. ♂. Panz.
Megachile phœoptera. ♀. Spin.

La femelle est noire. Les segments abdominaux sont garnis de poils blancs sur les côtés. Palette ventrale blanche.
Le mâle est roux. Le 6ᵉ segment est échancré et terminé de chaque côté par une petite dent. Anus entier.

13. Osmia Spinolœ. S¹-Farg. C.

Plus petite que la précédente.

Genre 10.

ANTHOCOPA.

1. Anthocopa papaveris. *St-Farg. Smith.*   c. c. c.
   Apis papaveris. *Let.*
   Anthophora argentata. *Fab.*
   Megachile papaveris. *Lat.*
   Abeille tapissière. *Réaumur.*
   Andrena tapissière. *Olivier.*

Genre 11.

MEGACHILE.

1re DIVISION.

Tarses antérieurs des mâles non dilatés.

1. Megachile centuncularis. *Lat. Spin. St-Farg. Smith. Nyl.*   c. c. c.
   Apis centuncularis. *L. Scop. Schrank. Schæff. Rossi. Kirby.*
   Anthophora centuncularis. *Fab.* ♀. *Zett. Réaum. Frisch. Geoff.*

   La femelle pourrait être confondue avec le *M. Willugbiella* ♀, mais dans celle-ci la palette ventrale est d'un fauve pur, éclatant, tandis que les côtés et le sommet sont noirs dans le deuxième.
   Le mâle est petit, le dernier article des antennes plus grand que le précédent, un peu comprimé.

2. Megachile pyrina. *St-Farg. Smith.*   c. c. c.
   Megachile rufitarsis. ♂. *Smith.*
   Megachile fasciata. ♀. *Smith.*

   La palette ventrale est d'un jaune doré un peu obscur.
   Le mâle a le sixième segment abdominal échancré au milieu et deux dents sur les côtés. Anus tridenté.

3. Megachile argentata. S¹-Farg. Spin. Lucas.
   Smith.   c. c.
   Apis argentata. Fab. ♀.
   Anthophora argentata. Fab. Panz.
   Apis Leachella. Kirby.
   Megachile albiventris. Smith.
   Sur les fleurs des Echium.

3ᵉ DIVISION.

Tarses des mâles dilatés.

4. Megachile circumcincta. S¹-Farg. Smith. Nyl.   c.
   Apis circumcincta. ♀. Kirby.

5. Megachile Willugbiella. S¹-Farg. Smith. Nyl. c.c.c.
   Megachile fulviventris. Lett.
   Apis Willugbiella. Kirby.
   La palette ventrale est d'un rouge vif, entourée de poils noirs sur les côtés.
   Le mâle a les antennes aussi longues que le thorax, le dernier article est plus grand que les autres, l'abdomen est presque carré, le dernier segment est armé de trois dents.

6. Megachile maritima. Smith.
   Apis maritima. ♀. Kirby.
   Apis Lagopoda. Panz. non L.
   Anthophora Lagopoda. Fab.
   La femelle diffère surtout du M. Willugbiella par la palette ventrale qui n'est pas entourée de poils noirs. J'ai sous les yeux plusieurs individus qui m'ont été envoyés du Pyrénées orientales sous le nom de M. Lagopoda et je ne puis saisir la différence qui existe entre ce dernier et le Willugbiella, M. le docteur Nylander les regarde comme très distincts.
   Le mâle est très remarquable par ses trochanters antérieurs armés chacun à leur naissance d'une dent aiguë au sommet, par la dilatation des tarses antérieurs frangés de cils blancs et ferrugineux. Les tarses postérieurs sont larges, ciliés de poils fauves, courts. Les tarses intermédiaires sont peu dilatés et recouverts des mêmes poils. Cuisses très renflées.
   D'après M. Fréd. Smith, le Cœlioxis vectis serait parasite de cette belle espèce.

Genre 12.

ANTHIDIUM.

1. Anthidium manicatum. *Fab. Curtis. Lat. St-Farg. Smith. Nyl.*
   Apis manicata. *L. Fab. Schœff. Rossi. Christ. Kirby*
   Apis maculata. *F. Rossi. Panz.*

   <small>Le type de *Fabricius*, abdomen noir, à taches jaunes simples sur les segments, est très rare. En revanche la V. B. Fab, *Apis maculata* est très répandue.</small>

2. Anthidium punctatum. *Lat. St-Farg.* c. c. c.
   Apis sexagesima septima. *Schœff.*

3. Anthidium oblongatum. *Lat. St-Farg.* c. c. c.
   Megachile interrupta. *Spin.*
   Apis manicata. ♂. *Panz.*

   <small>3e et 4e articles des antennes ferrugineux. Chez la femelle, les joues, le chaperon sont fauves. Le chaperon porte en outre deux petits points ferrugineux ou noirs. Lepelletier de St-Fargeau dit que l'écusson est orné d'une tache jaune à la base de chacun des cabes latéraux. Il est entièrement noir dans vingt femelles de ma collection. Pattes rouges, jambes, cuisses légèrement marquées de jaune. Tarses rouges.
   V. Anus noir, sans taches jaunes. L'écusson dans cette variété est noir comme dans le type.</small>

Genre 13.

CHELOSTOMA.

1. Chelostoma florisomne. *Smith. Curtis.* c. c. c.
   Apis florisomnis. ♂. *L. Scop. Fab. Kirby.*
   Apis maxillosa. ♀. *L. Fab. Kirby.*
   Hylœus florisomnis. *Fab. Panz.*
   Hylœus maxillosus. ♀. *Fab.*
   Anthophora truncorum. ♀. Var. *Fab.*

Megachile maxillosa. *Lat.*
Megachile florisomnis. *Spin.*
Chelostoma maxillosa. *Lat. St-Farg. Brullé.*
Heriades maxillosa. *Lat. Nyl.*

2. **Chelostoma culmorum.** *St-Farg.*

Diffère de la précédente par sa tête nue. La dent du chaperon est aussi longue que large.
Le mâle a l'abdomen hérissé de poils cendrés très abondants.
Enfin les antennes sont toutes noires tandis qu'elles sont rousses dans le *C. florisomne.*

3. **Chelostoma Campanularum.** *Smith.*   c. c. c.
Apis Campanularum. *Kirby.*
Megachile Campanularum. *Lat.*
Heriades Campanularum. *Spin. St-Farg. Smith.*
Apis florisomnis minima. *Christ.*

Sur les *Campanula rotundifolia, trachelium, persicœfolia,* etc.

4. **Chelostoma nigricornis.** *Nyl.*   c. c. c.
Heriades trachelii. *Delacourt.*

Genre 14.

HERIADES.

1. **Heriades truncorum.** *Spin. Curtis. St-Farg. Zett-Smith. Nyl.*   c. c. c.
Apis truncorum. *L. Kirby.*
Hylœus truncorum. *Fab.*
Megachile truncorum. *Lat.*

Les deux genres *Chelostoma* et *Heriades* ne diffèrent que par la position des articles des palpes labiaux.

Dans les *Heriades* le premier article des palpes labiaux est moitié moins long que le second ; le 3e et le 4e sont très petits et placés sur les côtés et près du sommet du second.

Dans les *Chelostoma*, le premier article des palpes labiaux est deux ou trois fois plus grand que le deuxième qui est aminci au sommet. Le 2ᵉ s'insère droit sur ce dernier. Le 3ᵉ est tronqué et s'insère sur les côtés et près du sommet du 2ᵉ. Les palpes maxillaires ont trois articles dans le genre *Heriades*; Latreille ainsi que Lepelletier de St-Fargeau ne leur en a donné que deux.

Genre 15.

CERATINA.

1. Ceratina cœrulea. *Vill. Smith.* c. c. c.
   Apis cucurbitana. *Rossi.*
   Apis callosa. *Fab.*
   Apis cyanea. *Kirby.* ♂ ♀.
   Megilla callosa. *Fab.*
   Ceratina callosa. *Lat.*
   Ceratina nitidula. ♂. *Spin.*
   Ceratina cyanea. *Sᵗ-Farg.*

   Sur les fleurs des *Echium*. S'obtient en récoltant pendant l'hiver des extrémités de ronce. L'insecte éclot au mois de juin. Il existe une variété dont le chaperon est orné d'un point jaune.

2. Ceratina albilabris. *Lat. Jurine. Spin. Sᵗ-Farg. Smith.* c. c. c.
   Hylœus albilabris. *Fab.*
   Prosopis albilabris. *Fab.*

4ᵐᵉ SOUS-FAMILLE.

SCOPULIPEDES. *Lat.*

Genre 16.

EUCERA.

1. Eucera Longicornis. *Scop. Fab. Lat. Brullé. Zett. Sᵗ-Farg. Lucas. Smith. Nyl.* c. c. c.

Apis longicornis. *L. Scop. Fab. Schœff. Fourcroy.*
Rossi. Christ. Sulz. Kirby. ♀ ♂
Apis linguaria. ♂. *Kirby.*
Apis tuberculata. ♀. *Fab.*
Eucera tuberculata. *Panz.*
Eucera vulgaris. *Spin.*
Eucera linguaria. *S¹-Farg.*
Andrena strigosa. ♀. *Panz. Ray. Swamm. Geoffroy*

<small>L'*Apis linguaria* ♂, Kirby. *Eucera linguaria*, St-Farg., n'est qu'une variété de l'*E. longicornis* à pubescence plus pâle.</small>

Genre 17.

MACROCERA.

1. Macrocera malvœ. *S¹-Farg.*   c. c. c.
   Apis malvœ. *Rossi.*
   Eucera malvœ. ♀. *Lat.*
   Eucera antennata. ♂. *Lat. Fab.*

Genre 18.

XYLOCOPA.

1. Xylocopa violacea. *Lat. S¹-Farg.* ♀. *Fab. Jurine.*
   Spin. Klug.   c. c. c.
   Hylocopa femorata. ♂. *Fab.*
   Abeille perce-bois.

<small>Le mâle se trouve en abondance au premier printemps sur les fleurs des *Mahonia*.</small>

Genre 19.

SAROPODA.

1. Saropoda bi-maculata *Curtis. Smith.*   c. c. c.
   Apis bi-maculata. ♀. *Panz. Kirby.*

Apis rotundata. ♂. *Panz. Kirby.*
Anthophora bi-maculata. *Spin. S¹-Farg.*

Genre 20.

ANTHOPHORA.

1. Anthophora femorata. *Panz. Lat. S¹-Farg.*   c.c.c.

2. Anthophora retusa. *L. S¹-Farg.*   c. c. c.
 — Apis Hawortana. ♂. *Kirby. Curtis. Smith.* ♀ ♂.
 Megilla retusa. *Nyl.*

   La *Melecta luctuosa* est le parasite de cette *Anthophora*.

3. Antophora acervorum. *Fab. Smith.*   c. c. c.
 Apis hispanica. ♂. *Panz.*
 Apis retusa. ♀ ♂. *Kirby.*
 Megilla acervorum. *Fab. Nyl.*
 Anthophora retusa. *Blanch.*
 Anthophora pilipes. *S¹-Farg.*
 Anthophora hirsuta. *Lat.*
 Lasius acervorum. *Jurine.*

   Le type de Fabricius : *Apis acervorum, hirsuta, atra, tibiis posticis ferrugineis*, est très rare. Il est remplacé par l'espèce décrite par St-Fargeau. Le type de Fab. est plus voisin de l'*A. Hawortana*. Les poils du mâle varient de couleur dans ces deux espèces, ils sont tantôt d'un gris sale, tantôt d'un fauve très brillant. Les tarses intermédiaires sont munis de longs cils noirs. Ces mêmes tarses sont à peine garnis de poils blancs dans l'*A. retusa*.

4. Anthophora fulvitarsis. *Brullé. S¹-Farg.*   c.c.c.

5. Anthophora intermedia. *Brullé. S¹-Farg.*   c.c.c.

6 Anthophora parietina. *Lat. Spin. S¹-Farg.*   c.c.c.

7. Anthophora furcata. *Panz. St-Farg. Smith.* o.o.o.
   Apis furcata. *Kirby.* ☿ ♀.
   Saropoda furcata. *Curtis. Smith.*
   Megilla furcata. *Nyl.*
   Lasius furcatus. *Jurine.*

8. Anthophora quadrimaculata. *St-Farg. Smith.* o.o.o
   Apis quadrimaculata. *Panz.*
   Apis vulpina. ♀. *Kirby.*
   Megilla quadrimaculata. *Nyl.*
   Saropoda vulpina. *Curtis.*

9. Anthophora mixta. *St-Farg.*   o. o. o.
   Ce n'est peut-être qu'une variété de la précédente.

Les *Anthophora furcata, quadrimaculata, mixta,* ont toutes la physionomie du *Saropoda*. Mais elles diffèrent par les caractères tirés des palpes labiaux. Dans aucune d'elles les articles des palpes labiaux ne forment une ligne droite. (Caractère spécial du *Saropoda.*)

5me SOUS-FAMILLE.

SOCIALES. *Lat.*

Genre 21.

BOMBUS.

1. Bombus muscorum. *Smith.*
   Apis muscorum. *L.*
   Apis agrorum. ♀. *Fab. Kirby.*
   Apis floralis. ☿. *Kirby.*
   Apis Beckwithella. ♀. *Kirby.*
   Apis Sowerbiana. ☿. *Kirby.*

Apis Curtisella. ♂. *Kirby.*
Apis Francillonella. ☿. *Kirby.*
Apis Fosterella. ☿. *Kirby.*
Bremus agrorum. ♀. *Panz.*
Bombus agrorum. *Fab. Dahlbom. Nyl. Drews et Schiodte.*

M. Smith a trouvé toutes les variétés dans le même nid, ce qui lui a permis de s'assurer de l'identité des espèces décrites sous des noms différents.

On rencontre dans le département de la Somme les variétés suivantes :

1° Espèce typique, remarquable par les poils fauves brillants du thorax. Ces poils sont cendrés en dessous, jaune-serin sur les côtés. L'abdomen est hérissé de poils fauves mêlés de noirs. Les poils de la palette sont cendrés. ♂ ♀.
Le mâle diffère par ses antennes aussi longues que le thorax. L'abdomen est hérissé de poils cendrés avec trois ou quatre bandes épaisses de poils noirs.

2° *Bombus agrorum.* — Abdomen noir, si ce n'est à la base et au sommet où se trouvent des poils rouge-fauve. ♂ ♀. c. c. c.

3° *Bombus Beckwithellus.* — Premier segment de l'abdomen, base du 2° couverts de poils jaunes. Sommet du 2° segment et tous les autres entièrement fauves. Poils de la palette noirs. ♀. c. c. ?

4° *Bombus Curtisellus.* — Abdomen entièrement noir ; le reste comme dans le type. ♂. c. c. c.

5° *Bombus Francillonnella.* — Forme plus élancée. Tous les poils sont d'un fauve éclatant, excepté sur les côtés du thorax où ils tournent au jaunâtre et sur le premier segment abdominal où ils sont rares et plus pâles. R. ♂ ♂.

2. Bombus senilis. *Fab. Smith.*   R. R.
Apis senilis. *Fab.*
Apis muscorum. *Fab. Schrank. Rossi. Christ. Kirby. Lat. Dahlbom. Drews et Schiodte*
Bremus muscorum. *Jurine.*
Bremus cognatus. *Steph.*

Se distingue du *B. muscorum* par ses poils plus nombreux, d'un rouge plus éclatant et surtout par les poils fauves de la palette. Ces poils sont cendrés dans le *B. muscorum.*

3. Bombus fragrans. *Illig. Dahlbom. St-Farg. Drews et Schiodte. Smith. Nyl.*   R.

Poils du thorax jaunes, plus ou moins mêlés de roux, noirs près de l'insertion des ailes. Abdomen hérissé de poils jaunes fauves au sommet. Mâle semblable sauf le corps qui est plus allongé et les antennes aussi longues que le thorax.

4. Bombus sylvarum. *F. Lat. Illig. Spin. St-Farg. Drews et Schiodte. Smith. Nyl.*   O. O. O.
Apis sylvarum. *L. Scop. Fab. Schrank. Rossi. Kirby*
Bremus sylvarum. *Panz.*
Bombus veteranus. *Panz.*

5. Bombus Lapponicus. *Fab. Ahrens. Dahlbom. Zett. St-Farg. Nyl.*   R. R. R.
Apis Lapponica. *Fab.*
Apis flavicollis. *Sowerby.*
Bombus regelationis. *New. Nec. Panz.*
Bombus montanus. *Smith.* non *St-Farg.*
Bombus monticola. *Smith.*

Tête, thorax en dessous, palette noire. Une ligne jaune plus ou moins marquée à la partie antérieure du thorax. Les deux premiers segments de l'abdomen sont noirs, les autres fauves. Anus tirant vers le jaune.

6. Bombus Derhamellus. *Dahlb.*   O. O. O.
Apis Derhamella. ♂. *Kirby.*
Apis Raiella. ♀. *Kirby.*
Bombus Raiellus. *Illig. Dahlb. Drews et Schiodte. Smith. Nyl.*
Bombylius minor. *Ray.*

♀. Entièrement noir, si ce n'est les trois derniers segments de l'abdomen qui sont fauves. Palette rouge-fauve, ce qui le distingue du *B. Lapidarus*. Tarses ferrugineux.

♂. Une ligne plus ou moins marquée de poils jaunes à la partie antérieure du thorax. Les deux premiers segments abdominaux plus ou moins fauves. Poils des jambes rouges.

7. Bombus pratorum *Illig. Dahlb. Drews et Schiodte.*
   Smith. o. o. o.
   Apis pratorum. *L. Schrank. Kirby.*
   Apis collaris. *Scop.*
   Apis subinterrupta. ♀. *Kirby.*
   Apis Donovanella. Var. ♀. *Kirby.*
   Apis Burrellana. ☿. *Kirby.*
   Bombus subinterruptus. *Lat. Dahlb. S*^{t}*-Farg.*
   Drews et Schiodte.
   Bombus Burrellanus. ☿. *Dahlb.*
   Bombus Ephippium. *Dahlb. Zett.*
   Bombus Donovanella. ♀. *Westw.*
   Bombus Lallianus. ☿. *Nyl.*

8. Bombus Scrimshiranus. *Illig. Dahlb. Drews et*
   Schiodte. Smith. Nyl. o.
   Apis Scrimshirana. ♀. *Kirby.*
   Apis Jonella. ☿. *Kirby.*

   Ressemble au *B. hortorum*, tête moins étroite. Langue moitié plus petite que le corps. Poils de la tête noirs, jaunes sur le sommet du vertex. Une ligne jaune à la partie antérieure et postérieure du thorax. Premier segment de l'abdomen jaune, les trois derniers blancs. Poils de la palette ferrugineux.

9. Bombus hortorum. *Illig. Lat. Walck. Dahlb. S*^{t}*-Farg.*
   Brullé. Drews et Schiodte. Smith. Nyl. o. o. o.
   Apis hortorum. *L. Schrank. Rossi. Vill. Kirby.*

   Dans cette espèce, la langue est aussi longue que le corps entier.

10. Bombus apricus. *Fab. S*^{t}*-Farg.* o.
    Bombus hypnorum. *Dahlb.*
    Apis aprica. *L.*
    Apis meridiana. *Panz.*

11. Bombus lucorum. *Smith.* o. o. o.
    Apis lucorum. *L. Fab. Schrank. Kirby.*

Apis terrestris. ♀. *Christ. Kirby.*
Apis cœspitum. *Panz.*
Apis virginalis. ☿. *Kirby.*
Bombus terrestris. *Lat. Fab. Dahlb. Zett. Sᵗ-Farg. Drews et Schiodte. Nyl.*

12. Bombus Soroensis. *Fab. Dahlb. Drews et Schiodte. Nyl.*
    Apis Soroensis. *Fab. Panz.*
    Apis neutra. *Panz.*
    Bombus neutra. *Fab. Sᵗ-Farg.*
    Apis Cullumana. ☿. *Kirby.*
    Bremus sylvarum. *Panz.*
    Bombus Cullumanus. *Smith.*
    Bombus Burrellanus. *Dahlb. Sᵗ-Farg. Drews et Schiodte. Nyl.*

13. Bombus Lapidarius. *Lat. Fab. Dahlb. Sᵗ-Farg. Brullé. Drews et Schiodte. Westw. Smith. Nyl.* o.o.o.
    Apis Lapidaria. *L. Vill. Scop. Fab. Schank. Fourcroy. Christ. Don. Kirby.*
    Apis coronata. *Fourcroy.*
    Apis arbustorum. *Fab.*
    Bremus truncorum. ☿. *Panz.*
    Bremus regelationis. ♀. *Panz.*
    Bombus Lefebvrei. *Sᵗ-Farg.*

14. Bombus Latreillellus. *Illig. Dahlb. Drews et Schiodte Nyl. Smith.*
    Apis Latreillella. ☿. *Kirby.*
    Apis Tunstallana. ♀. *Kirby.*
    Bombus Tunstallanus. *Nyl.*

15. Bombus subterraneus. *Fab. Dahlb. Drews et Schiodte.*
    Nyl. Smith. c. c. c.
    Apis subterranea. *L. Fab. Mueller.*
    Apis Harrisella. *Kirby.*
    Apis Soroensis. *Kirby. Nec. Fab.*
    Bombus Harrisellus. *Westw. Smith.*
    Bombus Soroensis. *St-Farg.*
    Bombus flavo-nigrescens. *Smith.*

Genre 22.

APATHUS. *New.* (1834)
PSITHYRUS. *St-Farg.* (1841).

1. Apathus rupestris. *Smith.* c. c. c.
    Apis rupestris. ♀. *Fab. Kirby.*
    Apis Albinella. ☿. *Kirby.*
    Apis frutetorum. ☿. *Panzer.*
    Bremus pomorum. ☿. *Panzer.*
    Bombus rupestris. ♀. *Fab. Lat.*
    Psithyrus rupestris. *St-Farg. Nyl. Drews et Schiodte. Curtis.*
    Psithyrus frutetorum. ☿. *St-Farg.*

2. Apathus campestris. *Smith* c. c. c.
    Apis campestris. ♀. *Panz. Kirby.*
    Apis Rossiella. ☿. *Kirby.*
    Apis Francisana. ☿. *Kirby.*
    Apis Leiana. ☿. *Kirby.*
    Apis subterranea. ☿. *Kirby.*
    Bombus campestris. ♀. *Fab. Illig. Dahlb.*
    Bombus Francisanus. *Illig.*
    Bombus Rossiellus. *Dahlb.*

— 47 —

Psithyrus campestris. ♀. St-Farg. *Drews et Schiodte.*
Psithyrus Francisanus. ♂. *Drews et Schiodte.*

3. Apathus Barbutellus. *Smith.*   c. c. c.
    Apis Barbutella. ♂. *Kirby.*
    Psithyrus quadricolor. ♂. *St-Farg.*

4. Apathus vestalis. *Smith.*   c. c. c.
    Apis vestalis. *Fourc. Kirby.* ♀.
    Apis nemorum. *Fab.*
    Bremus vestalis. *Panz.*
    Bombus vestalis. *Lat. Illig. Dahlb.*
    Psithyrus vestalis. *St-Farg.*
    Psithyrus œstivalis. *Drews et Schiodte. Nyl.*
    Psithyrus Rossiellus. *Drews et Schiodte. Nyl.*
    Apathus nemorum. *Smith.*

Genre 23.

APIS.

1. Apis mellifica. *L. Scop. Fab. Sulz. Harris. Schrank. Rossi. Christ. Kirby. Panz. Lat. Spin. Jurine. Curtis. Brullé. St-Farg. Lucas. Nyl.*   c. c. c.
    Apis cerifera. *Scop.*
    Apis gregaria. *Geoff.*
    Apis domestica. *Ray. Réaum. Swamm.*

FIN.

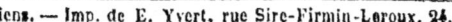

Amiens. — Imp. de E. Yvert, rue Sire-Firmin-Leroux, 24.

www.ingramcontent.com/pod-product-compliance
Lightning Source LLC
LaVergne TN
LVHW020045090426
835510LV00040B/1411